W0270826

Dekorativ ausgesägt

Birkenscheiben und Astscheiben, dekorativ ausgesägt, das ist mal eine ganz andere Art der Holzgestaltung. Die Holzscheiben sind einfach zu bearbeiten und haben eine tolle Wirkung. Durch die verschiedenen Maserungen und Rinden wird jede Arbeit zum Unikat.

Ich habe Ihnen Ideen rund ums Jahr und durchs ganze Haus zusammengestellt. Verschönern Sie Ihr Heim mit Birkenscheiben an der Badezimmertür, in der Küche, im Garten oder an der Haustüre. Dekorieren Sie Fensterbank oder Wand mit verschiedenen Motiven der Jahreszeit entsprechend. Vielleicht möchten Sie auch einen lieben Menschen mit einer selbst gestalteten Birkenscheibe als Geschenk überraschen. Mit individueller Beschriftung kommt das immer gut an. Ihren Ideen sind keine Grenzen gesetzt.

Ich wünsche Ihnen viel Spaß beim Sägen und Bemalen und auf jeden Fall gutes Gelingen.

Susan Urig

Die Motive lassen sich in folgende Schwierigkeitsgrade unterteilen:

○ ○ ○ einfach ○ ○ ○ etwas schwieriger ○ ○ ○ anspruchsvoll

MATERIAL

Hilfsmittel und Werkzeuge, die Sie zur Hand haben sollten. Sie werden für fast jedes Modell benötigt und in den Materiallisten nicht mehr eigens erwähnt.

- Durchschreibpapier
- Bleistift und Radierer
- Dekupiersäge
- Laubsäge (für kleine Teile)
- Handschleifgerät oder Holzfeile
- Flachzange und Seitenschneider
- Holzleim
- Kraftkleber
- Akkuschrauber mit Bohrern, ø 1 mm, 1,5 mm, 2 mm, 6 mm und 8 mm
- verschiedene Borsten- und Haarpinsel
- dünner, wasserfester Lackstift in Schwarz
- Heißklebepistole
- Küchenpapier
- seidenmatter Klarlack

Hinweis: Mit „Rest" ist immer ein Stück gemeint, das maximal A5 groß ist.

So wird's gemacht

Das Holz

Es werden Birkenholzscheiben in verschiedenen Größen verwendet. Sie sind im Fachhandel erhältlich und haben in der Regel eine Stärke von 1,8 cm. Astscheiben kann man aus den unterschiedlichsten Holzarten in einer Stärke von ca. 5 mm bis 10 mm zusägen. Jedes Holz hat eine andere Maserung; wählen Sie das, das Ihnen am besten gefällt. Das Holz sollte auf jeden Fall trocken sein, da es sonst beim Sägen reißt. Die Astscheiben können unterschiedlich schräg gesägt werden, so erhält man verschiedene Größen und Formen.

Pappel-Sperrholz bekommt man im Baumarkt. Die Märkte haben fast immer einen Holzzuschnitt, dort kann man nach Resten fragen, die sehr günstig abgegeben werden.

Schritt für Schritt

1 Die Vorlagen mit Durchschreibpapier auf eine geeignet große Birkenscheibe, Astscheibe oder ein Stück Sperrholz übertragen. Die Außenränder des Innenausschnittes können an die Größe der Birkenscheibe angepasst werden. Ein Loch (ø 6 mm bis 8 mm) in das Holz bohren, das Sägeblatt durchfädeln und in die Säge einspannen. Den aufgezeichneten Innenteil aussägen.

1

2 Ein evtl. Rückseitenmotiv (z. B. bei den Schildern „Clownfisch", Seite 15, und „Eulen", Seite 21) an die Außenränder der Birkenscheibe anpassen, damit das aufgehängte Schild nicht wackelt. Auch hier Löcher in die Innenausschnitte bohren, das Sägeblatt durchfädeln, die Säge einspannen und die Innenausschnitte aussägen. Sperrholz lässt sich gut mit der Laubsäge bearbeiten.

2

3 Die Motivkanten sowohl der Holzscheiben als auch der Rückseitenmotive mit dem Handschleifer oder einer feinen Holzfeile glätten.

3

4 Die Holzscheiben mit matter Acrylfarbe bemalen. Die Farben lassen sich untereinander mischen und mit Wasser verdünnen. Bei Flächen erst die hellere Grundfarbe auftragen, dann zum Schattieren die dunklere Farbe in die noch nasse Farbe einbringen. So entsteht ein schöner Farbverlauf.

4

5 Um Akzente zu setzen, ist die Brush-Technik geeignet: Das Motiv bemalen und die Farbe trocknen lassen. Dann mit einem trockenen, harten Borstenpinsel etwas Farbe aufnehmen und diese auf Küchenpapier wieder abstreichen. Der Pinsel sollte nur noch wenig Farbe abgeben. Die Farbe nun mit kurzen Pinselstrichen auf das Motiv aufbringen.

6 Nach dem Trocknen die Konturen und feine Innenlinien mit einem dünnen Pinsel nachziehen. Oder – wichtig: erst nach dem Lackieren mit Mattlack – mit einem wasserfesten, sehr feinen Lackstift.

7 Um die Arbeiten zu versiegeln, farblosen Acryl-Klarlack auftragen. Er schützt die Motive vor Staub, macht sie witterungsbeständig und lässt auch die Farben schöner wirken.

8 Dann die Löcher bohren und evtl. die Teile wie in den Anleitungen beschrieben mit Draht oder Bast verbinden oder zusammenleimen. Als Draht wird geglühter Steckdraht verwendet, der als Bund im Baumarkt erhältlich ist .

Tipps und Tricks

- Benutzen Sie immer Markensägeblätter mit feiner Verzahnung, da das Holz dann fast nicht geschliffen werden muss und die Bearbeitung viel besser und leichter geht.

- Handschleifgeräte werden heutzutage immer wieder in den großen Discountmärkten für wenig Geld angeboten. Die Anschaffung lohnt sich und die preiswerten Geräte genügen auch vollkommen zum Basteln. Das Schleifpapier kann immer in zwei Stärken im Fachhandel nachgekauft werden. Falls Sie keinen Handschleifer haben, genügt auch eine feine Holzfeile.

- Rückseitenmotive oder kleinere Teile aus Sperrholz können mit einer Laubsäge ausgesägt werden. Benutzen Sie auch hier wieder feine Sägeblätter, da sonst das Holz an den Rändern ausreißt.

- Beim Bohren in dünnes Sperrholz immer von hinten ein Holz gegenhalten bzw. -spannen, damit

WEITERFÜHRUNG Tipps und Tricks

das Holz auf der Rückseite nicht ausreißt.

- Farben können Sie auch verdünnen. Dazu aber nicht das Wasser direkt ins Farbgläschen geben, sondern etwas Farbe in ein kleines Gefäß, z. B. einen Schraubdeckel, füllen und darin mit Wasser verdünnen. Wenn Farbe mit Wasser aufbewahrt wird, schimmelt sie.
- Sollte beim Bemalen die erste Farbe schon getrocknet sein, so dass Schattierungen nicht mehr eingearbeitet werden können, beginnen Sie einfach noch mal mit dem Auftragen der ersten Farbe. Probieren Sie verschiedene Farbtöne aus. Die Effekte sind wirklich schön und bei Acrylfarben können Sie nach dem Trocknen immer wieder etwas verändern.
- Haben Sie beim Bemalen der Flächen die übertragenen Motive übermalt, können Sie sie mit Durchschreibpapier nochmals auf den trockenen Untergrund übertragen.
- Fragen Sie im Blumengeschäft nach Steckdraht. Dort bekommen Sie evtl. kleine Reststücke geschenkt.

Zu Ostern

→ mit herausnehmbarem Häschen

MATERIAL HASE

- Sperrholzrest, 1,5 cm stark
- Acrylfarbe in Weiß, Elfenbein, Zitrone, Gelb, Orange, Rot, Bordeaux, Rosé, Flieder, Hellgrün, Dunkelgrün, Hellbraun, Mittelbraun, Dunkelbraun und Schwarz

HÄNGER

- 2 Astscheiben, ca. 7 cm x 5 cm
- Raffiabast in Natur, 2 x 20 cm lang
- Acrylfarbe in Weiß, Gelb, Orange, Rot, Hellgrün, Dunkelgrün, Hellbraun und Schwarz

VORLAGEN-BOGEN 1A

Hase

1 Das Motiv auf Sperrholz übertragen.

2 Zuerst den kleinen Hasen ganz aussägen, danach das Innenteil sägen.

3 Den kleinen Hasen senkrecht in der Mitte durchsägen (anhand der Maserung des Sperrholzes geht das sehr gut). Den hinteren Hasen gleich wieder in das Bild leimen.

4 Den vorderen Hasen am unteren Rand etwas abschleifen, damit er nach dem Bemalen gut herauszunehmen ist.

5 Alles wie abgebildet bemalen, dann lackieren.

Hänger

1 Das jeweilige Motiv auf eine Astscheibe übertragen, aussägen und die Ränder glatt schleifen. Wie abgebildet bemalen, dann lackieren.

2 Am oberen Rand mittig ein Loch bohren (ø 2 mm).

3 Als Aufhängung die Bastschnur durchziehen und mit einem Knoten befestigen.

Gänse und Blumen

→ ländliche Idylle

MATERIAL KOMME GLEICH WIEDER

- Birkenscheibe, ca. 20 cm x 8 cm
- Sperrholzrest, 4 mm stark
- Acrylfarbe in Weiß, Gelb, Orange, Flieder, Violett, Hellgrün, Dunkelgrün und Schwarz
- geglühter Blumendraht, ø 0,9 mm, 2 x 1,5 cm (Fühler) und 30 cm lang (Aufhängung)
- Kugelschreiberfeder

GÄNSE

- Birkenscheibe, ca. 20 cm x 10 cm
- Acrylfarbe in Weiß, Gelb, Orange, Hellgrün, Terrakotta und Schwarz
- Sperrholzrest, 4 mm stark
- Klebepads

ASTSCHEIBEN-BLUMEN

- 2 Astscheiben, ca. 6 cm x 5 cm
- Raffiabast in Natur, 2 x 20 cm lang
- Acrylfarbe in Weiß, Gelb, Flieder, Violett, Hellgrün, Dunkelgrün, Hellbraun und Schwarz

VORLAGENBOGEN 1A

Komme gleich wieder

1 Das Motiv auf die Birkenscheibe übertragen, aussägen und die Ränder glätten.

2 Die Birkenscheibe nass in nass in Flieder und Weiß bemalen. Die Blumen und die Schrift wie abgebildet gestalten. Das Loch für den Schmetterling bohren (ø 1 mm). Den Schmetterling auf Sperrholz übertragen, aussägen und wie abgebildet bemalen. Die bemalten Flächen mit Lack versiegeln.

3 Am Schmetterlingskopf für die Fühler zwei Löcher und unten für die Feder ein Loch bohren (ø 1 mm). Am Kopf jeweils ein Stück Draht festkleben und als Fühler formen.

4 Die Kugelschreiberfeder auf fünf Schlingen kürzen. Die Enden gerade biegen, einmal umbiegen, damit die Feder nicht aus der Bohrung rutscht, und in die Löcher am Schmetterling und in der Birkenscheibe kleben.

5 Am oberen Rand der Birkenscheibe zwei Löcher bohren (ø 2 mm). Den Draht für die Aufhängung um einen Pinsel zur Spirale winden, die Enden jeweils durch ein Loch ziehen und verdrehen.

Gänse

1 Das Motiv auf die Birkenscheibe übertragen, aussägen und die Ränder glätten. Die kleine Blume auf Sperrholz übertragen und aussägen.

2 Die Birkenscheibe in Gelb und Hellgrün nass in nass grundieren. Die Gänse in Weiß und Orange aufmalen und die Ränder wie abgebildet mit Schwarz andeuten. „Willkommen" in Terrakotta schreiben und mit Gelb auflockern. Die kleinen Blümchen aufmalen. Die Blume bemalen. Die bemalten Flächen lackieren.

3 Nach dem Trocknen die Blume auf die Birkenscheibe leimen.

4 Das Schild mit Klebepads anbringen.

Astscheiben-Blumen

1 Das jeweilige Motiv auf eine Astscheibe übertragen, aussägen und die Ränder glatt schleifen. Wie abgebildet bemalen, dann lackieren.

2 Am oberen Rand mittig ein Loch bohren (ø 2 mm). Als Aufhängung die Bastschnur durchziehen und anknoten.

Henne und Eier

→ frohes Osterfest!

MATERIAL HENNE

- Birkenscheibe, ca. 14 cm x 11 cm
- Acrylfarbe in Weiß, Elfenbein, Hellviolett und Bordeaux
- Sperrholzrest, 4 mm stark
- Raffiabast in Hellviolett, 3 x 30 cm (Eier) und 40 cm lang (Aufhängung)

HASEN- UND EIERHÄNGER

- 4 Astscheiben, ca. 6,5 cm x 4,5 cm
- Acrylfarbe in Weiß, Rosé, Hellviolett, Violett, Flieder, Bordeaux, Zarttürkis und Türkis
- Raffiabast in Hellviolett und Natur, 4 x 20 cm lang

VORLAGENBOGEN 1A

Henne

1 Das Motiv auf die Birkenscheibe auftragen, aussägen und die Ränder glatt schleifen. Die Eier auf Sperrholz übertragen und aussägen. Die Ränder so stark schleifen, dass sie rund werden.

2 Alles wie abgebildet bemalen, dann lackieren.

3 Am oberen Rand der Birkenscheibe zwei und am unteren Rand drei Löcher bohren (ø 1,5 mm). In die Eier an der markierten Stelle ein Loch bohren (ø 1,5 mm).

4 Die Eier in verschieden Abständen mit dem Raffiabast an der Birkenscheibe anbinden und mit Schleifen versehen.

5 Die Bastschnur durch die oberen Löcher ziehen und die Enden verknoten, damit eine Aufhängung entsteht.

Tipp: **Geben Sie sehr wenig Bordeaux auf einen trockenen Pinsel und bringen Sie so leicht die Gefiederzeichnung auf die Henne auf.**

Hasen- und Eierhänger

1 Das jeweilige Motiv auf eine Astscheibe übertragen, ggf. aussägen und die Ränder glatt schleifen.

2 Wie abgebildet bemalen, dann lackieren.

3 Am oberen Rand mittig ein Loch bohren (ø 2 mm). Als Aufhängung die Bastschnur durchziehen und befestigen.

Für den Eingang

→ trautes Heim, Glück allein

MATERIAL HERZLICH WILLKOM-MEN

- Birkenscheibe, ca. 13 cm x 15 cm
- Sperrholzrest, 4 mm stark
- Acrylfarbe in Elfenbein, Karminrot und Weinrot
- Dekovlies in Rot, 8 cm breit, ca. 25 cm lang
- geglühter Blumendraht, ø 0,9 mm, 9 cm (Herz im Schild), 20 cm (kleine Herzen) und 30 cm lang (Aufhängung)

HOME SWEET HOME

- Birkenscheibe, ca. 23 cm x 15 cm
- Acrylfarbe in Weiß, Elfenbein, Gelb, Olivgrün, Dunkelgrün, Mittelbraun, Dunkelbraun, Oxydrot und Schwarz
- geglühter Blumendraht, ø 0,9 mm, 30 cm lang

VORLAGENBOGEN 1A+1B

Herzlich Willkommen

1 Das Herz auf die Birkenscheibe übertragen. Zuerst den inneren Rand aussägen. Das ausgesägte Herz an den Rändern abrunden und wie gekennzeichnet senkrecht durchbohren (ø 1 mm). An der Birkenscheibe den äußeren Rand des Herzens aussägen und die Ränder glatt schleifen.

2 Die Birkenscheibe und das Herz von oben an der gekennzeichneten Stelle durchbohren (ø 1 mm). Die kleinen Herzen auf das Sperrholz übertragen, aussägen und die Ränder abrunden.

3 Alles wie abgebildet bemalen, dann lackieren. Nach dem Trocknen den Draht in das Herz einführen und unten durch eine Spiraldrehung und mit etwas Leim fixieren. Den Draht mit dem Herzen von unten durch das Loch in der Birkenscheibe schieben und ebenfalls durch eine Spiraldrehung und mit etwas Leim fixieren. Das Herz zurechtbiegen, damit es mittig in der Aussägung hängt.

4 Am unteren Rand der Birkenscheibe und an den kleinen Herzen wie gekennzeichnet ein 1 mm starkes Loch bohren. Draht durch die Birkenscheibe ziehen und ein Ende verdrehen. Um den Draht eine Schleife aus Dekovlies binden und mit Leim am Rand der Birkenscheibe festkleben. Den Draht um einen Pinsel ein Stück weit zur Spirale wickeln, das erste Herz auffädeln und den Draht einmal verdrehen. Den Draht weiter um den Pinsel drehen, das zweite Herz aufziehen und das Ende verdrehen.

5 Als Aufhängung am oberen Rand der Birkenscheibe zwei Löcher bohren (ø 2 mm), einen Draht durchziehen, zur Spirale drehen und die Enden verdrehen.

Home Sweet Home

1 Das Motiv übertragen, aussägen und die Ränder glatt schleifen.

2 Die Birkenscheibe in Oxydrot grundieren und das Motiv wie abgebildet aufmalen. Den Schriftzug in Elfenbein aufbringen und mit Schwarz akzentuieren. Die Birkenscheibe lackieren.

3 Am oberen Rand zwei Löcher bohren (ø 2 mm). Den Draht um einen Pinsel zu einer Spirale winden. Die Enden durch die Löcher ziehen und verdrehen.

Home Sweet Home
-lich Willkommen

Küchenschilder

→ hier wird gekocht!

MATERIAL KÜCHE MIT GEMÜSE

- Birkenscheibe, ca. 15 cm x 16 cm
- Acrylfarbe in Weiß, Elfenbein, Orange, Rot, Grün, Dunkelgrün, Blau, Hellbraun, Mittelbraun, Dunkelbraun, Grau und Schwarz
- Klebepads

NOSTALGISCHER OFEN

- Birkenscheibe, ca. 25 cm x 10 cm
- Krakelierlack
- Acrylfarbe in Weiß, Elfenbein, Gold, Hellbraun, Blau, Weinrot, Grau und Schwarz
- Klebepads

VORLAGENBOGEN 1B

Küche mit Gemüse

1 Das Motiv auf die Birkenscheibe übertragen, aussägen und die Ränder glatt schleifen.

2 In Elfenbein grundieren und wie abgebildet bemalen. Dann lackieren.

3 Nach dem Trocknen die Birkenscheibe mit Klebepads befestigen.

Tipp: **Bringen Sie Schattierungen in Weiß auf das Gemüse und das Messer auf. Das lockert das ganze Bild auf.**

Nostalgischer Ofen

1 Das Motiv auf die Birkenscheibe übertragen und aussägen. Die Ränder glätten und das Ofenrohr rund abschleifen.

2 Die Birkenscheibe mit Ausnahme des Ofens hellbraun grundieren und trocknen lassen. Krakelierlack nur in einer Richtung auf die Birkenscheibe auftragen, dabei wieder den Herd auslassen.

3 Gut trocknen lassen und dann die weiße Farbe auftragen. Die Farbe beginnt sofort zu reißen und der Krakelierlook entsteht. Nur einmal streichen.

4 Den Ofen wie abgebildet bemalen. Dann die Birkenscheibe lackieren.

5 Die Birkenscheibe mit Klebepads befestigen.

KÜCHE
SALZ
KÜCHE

Badezimmer

→ Nord- oder Südsee?

MATERIAL LEUCHTTURM

- Birkenscheibe, ca. 15 cm x 16 cm
- Sperrholzreste, 4 mm und 1 cm stark
- Acrylfarbe in Weiß, Gelb, Grau, Rot, Hellblau, Dunkelblau, Hautfarbe, Hellgrün, Dunkelgrün, Hellbraun, Dunkelbraun und Schwarz
- geglühter Blumendraht, ø 0,9 mm, 2 cm lang
- Paketschnur, 40 cm lang
- Muschel mit Loch

CLOWNFISCH

- Birkenscheibe, ca. 24 cm x 10 cm
- Sperrholzrest, 4 mm stark
- Acrylfarbe in Weiß, Gelb, Orange, Oxydrot, Hellgrün, Dunkelgrün, Hellblau, Dunkelblau und Schwarz
- geglühter Blumendraht, ø 0,9 mm, 45 cm lang

VORLAGEN-BOGEN 1B

Leuchtturm

1 Das Motiv auf die Birkenscheibe übertragen, aussägen und die Ränder abschleifen. Die Möwe aus dem 1 cm starken Sperrholzrest aussägen und die Ränder rund abschleifen. Das Boot aus dem 4 mm starken Sperrholzrest aussägen.

2 Alle Teile wie abgebildet bemalen.

3 In die Möwe von unten mit dem Bohrer, ø 1 mm, zwei Löcher für die Beine bohren. Den Draht in zwei Teile schneiden und als Beine von unten in der Möwe festkleben.

4 Im „ D" an der gekennzeichneten Stelle mit dem Bohrer, ø 1 mm, ebenfalls zwei Löcher nebeneinander bohren. Die Drahtbeine der Möwe in die Löcher am „D" kleben und die Möwe zurechtdrehen.

5 Das Boot wie abgebildet aufkleben, dann erst alles lackieren.

6 Am oberen Rand des Schildes zwei Löcher bohren (ø 2 mm).

7 Die Paketschnur in der Mitte zu einer Schlaufe binden, die Muschel einfädeln und mit Heißkleber befestigen. Die zwei Enden der Paketschnur durch die Löcher in der Birkenscheibe ziehen und verknoten.

Clownfisch

1 Das Motiv auf die Birkenscheibe übertragen, aussägen und die Ränder abschleifen. Die Algen und kleinen Fische auf Sperrholz übertragen und an die Außenränder der Birkenscheibe anpassen. Dann aussägen und die Ränder glätten.

2 Die Birkenscheibe und das Rückseitenmotiv wie abgebildet bemalen.

3 Die getrockneten Teile zusammenleimen und gut anpressen. Dann erst alles lackieren.

4 Den Draht um den Stiel eines dünnen Pinsel zur Spirale drehen. Am oberen Rand zwei Löcher bohren (ø 2 mm), den geglühten Draht als Aufhängung durchziehen und die Enden verdrehen.

BAD
BAD

Kinder, Kinder

→ als Türschild oder Geschenk zur Geburt

MATERIAL MELISSA

- Birkenscheibe, ca. 20 cm x 9 cm
- Acrylfarbe in Weiß, Gelb, Hellviolett, Bordeaux, Hellbraun, Mittelbraun und Schwarz
- Raffiabast in Gelb, 35 cm lang

CHRISTIAN

- Birkenscheibe, ca. 20 cm x 9 cm
- Acrylfarbe in Gelb, Bayrischblau, Dunkelblau, Mittelbraun, Dunkelbraun und Schwarz
- Rundholzstab, ø 6 mm, 5 cm lang

VORLAGENBOGEN 2A

Melissa

1 Das Motiv auf die Birkenscheibe übertragen, aussägen und die Ränder glätten.

2 Die Birkenscheibe hellviolett grundieren. Bordeaux mit einem trockenen Pinsel aufnehmen, auf Küchenpapier die meiste Farbe wieder abstreichen. Wenig Farbe auf die grundierte Birkenscheibe mit schnellen Pinselstrichen aufstreichen.

3 Mond und Bären wie abgebildet bemalen. Die roten Bäckchen wie oben beschrieben mit einem trockenen, ausgestrichenen Pinsel auftragen.

4 Dann das Schild wie gewünscht beschriften, anschließend lackieren.

5 Am oberen Rand zwei Löcher bohren, die Bastschnur durchziehen und an beiden Enden verknoten.

Tipp: **Verwenden Sie die Buchstaben auf dem Vorlagenbogen. Mit einem Kopiergerät oder Scanner können Sie sie verkleinern oder vergrößern, je nachdem wie lang der Name des Kindes und wie groß die Birkenscheibe ist.**

Christian

1 Das Motiv auf die Birkenscheibe übertragen, aussägen und die Ränder glätten. Die Birkenscheibe bayrischblau grundieren.

2 Mond und Bären wie abgebildet bemalen. Dann wie gewünscht beschriften und anschließend lackieren.

3 Damit man die Birkenscheibe aufstellen kann, auf der Rückseite am unteren Rand mittig ein Loch mit Durchmesser 6 mm bohren (Vorsicht: die Scheibe nicht durchbohren). Den Rundholzstab einstecken und die Birkenscheibe aufstellen.

Tipp: **Wählen Sie eine Birkenscheibe, die gut steht, das heißt, eine glatte Unterseite hat. Oder schleifen Sie sie am unteren Rand glatt.**

MELISSA
CHRISTIAN
geboren am: 10.10.2005
Größe: 51 cm
Gewicht: 3300 g

Für die besten Freunde

→ Katze und Pferd

Katze

1 Das Motiv auf die Birkenscheibe übertragen. Den Umriss der Katze aussägen und dann rechts und links des Kopfes und die Brustseite hinunter mehrmals seitlich einsägen, um das Fell anzudeuten.

2 Alles wie abgebildet bemalen und mit seidenmattem Klarlack versiegeln.

3 Am oberen Rand zwei Löcher mit Durchmesser 2 mm bohren.

4 Den Bastfaden als Aufhängung durchziehen und an beiden Enden verknoten.

Pferd

1 Das Motiv auf die Birkenscheibe übertragen und aussägen.

2 Die Birkenscheibe in Hellbraun (sehr wässrig) grundieren. Das Pferd wie abgebildet bemalen, die Hufeisen mit Silber aufmalen und schwarz umranden. Den Namen aufschreiben, dann die Birkenscheibe lackieren.

3 Am oberen Rand der Birkenscheibe zwei Löcher bohren (ø 2 mm), die Bastschnur durchziehen und an beiden Enden verknoten.

MATERIAL KATZE

- Birkenscheibe, ca. 14 cm x 15 cm
- Acrylfarbe in Weiß, Rosé, Grün, Hellgrau, Dunkelgrau, Schwarz, Blau und Dunkelblau
- Raffiabast in Natur, 25 cm lang

PFERD

- Birkenscheibe, ca. 30 cm x 10 cm
- Acrylfarbe in Weiß, Gelbocker, Hellbraun, Mittelbraun, Dunkelbraun, Schwarz und Silber
- Raffiabast in Natur, 30 cm lang

VORLAGENBOGEN 2A

Blumen und Eulen

→ ländlich

Abbildung auf Seite 21

Sonnenblume

1 Das Motiv auf die Birkenscheibe übertragen und das Innenteil aussägen. Die Ränder abschleifen. Die Teile der Biene, das Herz und das Willkommensschild auf das 4 mm starke Sperrholz übertragen und aussägen.

2 Alles wie abgebildet bemalen. Die Farben auf die Sonnenblumen nass in nass auftragen. Dann lackieren.

3 Die Flügel der Biene auf den Körper kleben und fest andrücken. Am Kopf der Biene zwei Löcher bohren (ø 1 mm), den Blumendraht zu Fühlern biegen und einkleben. Hinten an der Biene ein Loch bohren (ø 1 mm) und den 4 cm langen Blumendraht einkleben. Nach dem Trocknen den Draht um einen dünnen Pinsel zu einer Spirale drehen.

4 Am Innenrand der Birkenscheibe ein Loch bohren (ø 1 mm) und den Draht mit der Biene einkleben.

WEITERFÜHRUNG

Blumen und Eulen

MATERIAL SONNENBLUMEN

- Birkenscheibe, ca. 13 cm x 13 cm
- Sperrholzrest, 4 mm stark
- Acrylfarbe in Weiß, Eierschale, Hautfarbe, Gelb, Orange, Terrakotta, Weinrot, Hellblau, Blau, Hellgrün, Dunkelgrün, Hellbraun, Mittelbraun, Dunkelbraun und Schwarz
- geglühter Blumendraht, ø 0,9 mm, 2 x 1 cm (Fühler) und 4 cm lang (Bienenbefestigung)
- Naturbast in Natur, 30 cm lang

EULEN

- Birkenscheibe, ca. 14 cm x 16 cm
- Sperrholzrest, 4 mm stark
- Acrylfarbe in Weiß, Elfenbein, Hautfarbe, Hellbraun, Mittelbraun, Dunkelbraun, Schwarz, Hellgrün und Dunkelgrün
- Rundholzstab, ø 6 mm, ca. 5 cm lang
- Aststück, ø ca. 1,5 mm, ca. 12 cm lang

PRO BLUMENHÄNGER

- Astscheibe, ca. 6 cm x 5 cm (Sonnenblume) oder 9 cm x 6 cm (Mohn)
- Acrylfarbe in Rot, Weinrot, Hellgrün, Dunkelgrün, Hellbraun und Schwarz (Mohn) bzw. in Weiß, Gelb, Terrakotta, Hellgrün, Dunkelgrün, Hellbraun, Mittelbraun, Dunkelbraun und Schwarz (Sonnenblume)
- Naturbast in Natur, 20 cm lang

VORLAGENBOGEN 2A

5 Das Herz am linken Rand auf das Schild aufkleben.

6 Am unteren Rand der Birkenscheibe und am oberen Rand des Schildes jeweils zwei Löcher bohren (ø 2 mm) und die beiden Teile mit der Bastschnur verbinden. Am oberen Rand der Birkenscheibe zwei Löcher für den Aufhänger bohren, Bast hindurchziehen und festbinden.

Tipp: Konturieren Sie die Ränder der Sonnenblume und der Blätter erst nach dem Auftragen des Klarlacks mit einem wasserfesten Stift. Sonst verwischen die Linien.

Eulen

1 Das Motiv auf die Birkenscheibe übertragen, das Innenteil aussägen und die Ränder glatt schleifen. Die Äste auf den Sperrholzrest übertragen, an die Birkenscheibe anpassen und aussägen.

2 Beide Teile wie abgebildet bemalen, dann lackieren. Nach dem Trocknen die Teile zusammenleimen und gut anpressen.

3 Von dem Ast ein dünnes Teil absägen und vor die Eulen leimen. Auf den Ast die Füße der Eulen malen.

4 Am unteren Rand von der Rückseite her mittig ein Loch (ø 6 mm) bohren; Achtung: die Scheibe nicht durchbohren. Den Rundholzstab einstecken und das Bild aufstellen.

Tipp: Das Gefieder der Eulen wirkt sehr echt, wenn Sie wenig Farbe auf einen trockenen Pinsel aufnehmen und diese dann, Farbe für Farbe, in kurzen Pinselstrichen leicht aufbringen. Statt des Aststückes können Sie auch Rindenstücke zurechtsägen und stückweise anleimen.

Blumenhänger

Mohn und Sonnenblume wie die Hänger auf Seite 5 arbeiten.

lich WILLKOMMEN

Anhänger

→ Etikette für gute Tropfen

MATERIAL PRO ANHÄNGER

- Astscheibe, ca. 12 cm x 7 cm
- evtl Sperrholzrest, 4 mm stark (Birnenbrand)
- Acrylfarbe in Gelb, Gelbocker, Orange, Hellgrün, Dunkelgrün, Hellbraun, Mittelbraun und Schwarz (Birnenbrand)
  bzw. in Gelb, Orange, Hellgrün, Dunkelgrün, Hellbraun, Mittelbraun, Dunkelbraun und Schwarz (Most)
  bzw. in Weiß, Gelb, Hellgrün, Olivgrün, Dunkelgrün, Mittelbraun, Dunkelbraun, Violett und Schwarz (Oliven)
  bzw. in Weiß, Hellgrün, Olivgrün, Mittelbraun, Dunkelbraun, Violett, Weinrot und Schwarz (Zum Wohl)
- Raffiabast in Natur, 25 cm lang
- evtl. geglühter Blumendraht, ø 0,9 mm, 2 x 5 cm lang (Birnenbrand)

VORLAGENBOGEN 2B

1 Das jeweilige Motiv auf eine Astscheibe übertragen, aussägen und die Ränder glatt schleifen. Für den Birnenbrand das Schild aus Sperrholz zusägen.

2 Wie abgebildet bemalen und beschriften, anschließend lackieren.

3 Am oberen Rand mittig ein Loch mit Durchmesser 2 mm bohren. Als Aufhängung die Bastschnur durchziehen und festknoten.

4 Beim Birnenbrand am unteren Rand der Astscheibe und am oberen Rand des Schildes jeweils zwei Löcher in der Stärke 1,5 mm bohren. Beides mit Draht zusammendrehen.

Tipp: **Bemalen Sie die Oliven in Gelb und Olivgrün sowie Violett und Schwarz nass in nass. Akzente in Weiß lassen alle Früchte echter wirken und lockern auf.**

Olives
BIRNENBRAND
MOST
Zum Wohl

Herbstzeit – Kürbiszeit

→ zu Halloween und Erntedank

MATERIAL HAPPY HALLOWEEN

- Birkenscheibe, ca. 15 cm x 15 cm
- Acrylfarbe in Weiß, Gelb, Orange, Dunkelrot, Hautfarbe, Hellgrün, Dunkelgrün, Olivgrün, Blau, Hellbraun, Mittelbraun, Dunkelbraun, Dunkelblau und Schwarz
- Sperrholzreste, 4 mm und 8 mm stark
- geglühter Blumendraht, ø 0,9 mm, 30 cm (Halloween-Schild), 3 cm (Kürbis) und 20 cm lang (Aufhängung)
- Kugelschreiberfeder

SCHÖNE HERBSTZEIT

- Birkenscheibe, ca. 25 cm x 10 cm
- Acrylfarbe in Gelb, Hellbraun, Orange, Rot, Hellgrün, Dunkelgrün und Schwarz
- Raffiabast in Natur, 30 cm lang

VORLAGENBOGEN 2B

Happy Halloween

1 Das Motiv auf die Birkenscheibe übertragen, aussägen und die Ränder glätten. Den Schornstein des Hauses von hinten und von vorne abschleifen, so dass er mittig auf dem Dach zu stehen scheint.

2 Den Mond auf den 4 mm starken Sperrholzrest übertragen, die Außenränder an die Birkenscheibe anpassen, aussägen und die Ränder abschleifen. Den Kürbis auch aus dem 4 mm starken Sperrholzrest aussägen und abschleifen, ebenso das Schild.

3 Den Geist auf den 8 mm starken Sperrholzrest übertragen, aussägen und die Ränder vorsichtig abschleifen.

4 Alle Teile wie abgebildet bemalen, dann lackieren.

5 An den gekennzeichneten Stellen an Geist, Kürbis, Innenseite der Birkenscheibe (neben dem Haus) und unterhalb des Hauses 1 mm starke Löcher bohren.

6 Die Feder eines alten Kugelschreibers in der Mitte durchtrennen, etwas auseinander ziehen und in die Bohrung am Geist stecken, bis eine ganze Schlaufe den Geist fixiert. Das andere Ende der Feder einmal umknicken (da die Feder dünner ist als das 1 mm-Loch) und in das Loch neben dem Haus kleben.

7 Einen ca. 3 cm langen Draht in das Loch unterhalb des Hauses kleben, den Draht nach dem Trocknen durch das Loch am Kürbis ziehen und das Drahtende um einen Pinsel zur Spirale winden.

8 Den Mond von hinten anleimen und fest anpressen.

9 Am oberen und unteren Rand sowie am Schild jeweils zwei Löcher bohren (ø 2 mm).

10 Den Draht von vorne durch das Schild und die Birkenscheibe ziehen, hinten entlang führen und wieder von hinten durch die Birkenscheibe und das Schild führen. Das Schild nach unten biegen, so dass es unter der Birkenscheibe hängt. Die beiden Drahtenden durch eine Spirale fixieren.

11 Durch die beiden oberen Löcher als Aufhängung einen Draht ziehen und die beiden Enden als Spirale fixieren.

Schöne Herbstzeit

1 Das Motiv auf die Birkenscheibe übertragen, aussägen und die Ränder glätten.

2 Die Birkenscheibe in Braun und Gelb nass in nass grundieren. Die Motive wie abgebildet bemalen, den Schriftzug aufschreiben, dann die Birkenscheibe lackieren. Nach dem Lackieren mit Klarlack die Ränder der Kürbisse und der Blätter mit einem feinen Stift umranden.

3 Am oberen Rand zwei Löcher bohren (ø 2 mm), den Bast durchziehen und an beiden Enden verknoten.

Verschneite Dörfer

→ unterm Sternenzelt

MATERIAL

SCHNEELANDSCHAFT LINKS

- Pappelsperrholzrest, 1,5 cm stark
- Acrylfarbe in Weiß, Gelb, Orange, Oxydrot, Dunkelgrün, Dunkelblau und Dunkelbraun
- Strukturschnee

SCHNEELANDSCHAFT RECHTS

- Birkenscheibe, ca. 14 cm x 14 cm
- Acrylfarbe in Weiß, Gelb, Terrakotta, Oxydrot, Orange, Dunkelgrün, Hellblau und Dunkelblau
- Strukturschnee
- Rundholzstab, ø 6 mm, ca. 5 cm lang

HÄNGER

- Astscheibe, ca. 6 cm x 7 cm
- Sperrholzrest, 4 mm stark
- Acrylfarbe in Weiß, Gelb, Orange, Dunkelblau, Dunkelgrün und Schwarz
- Strukturschnee
- geglühter Draht, ø 0,9 mm, 15 cm lang

VORLAGENBOGEN 2B

Schneelandschaft links

1 Das Motiv auf den Sperrholzrest übertragen. Die Tannen ganz aus dem Motiv heraussägen, dann den Rest aussägen. Die Ränder glätten.

2 Alles wie abgebildet mit Acrylfarben bemalen und die weißen Flächen sowie die Tannen mit dem Strukturschnee akzentuieren, dann lackieren.

3 Die Tannen können nach Belieben vor die Schneelandschaft gestellt werden.

Schneelandschaft rechts

1 Das Motiv auf die Birkenscheibe übertragen, aussägen und die Ränder glätten.

2 Wie abgebildet bemalen, die weißen Flächen und die Tannen mit Strukturschnee akzentuieren, dann lackieren.

3 Von hinten am unteren Rand der Birkenscheibe mittig ein Loch (ø 6 mm) bohren. Den Rundholzstab einstecken und das Bild aufstellen.

Hänger

1 Das Motiv auf die Astscheibe übertragen, aussägen und die Ränder glätten. Den Stern auf den Sperrholzrest übertragen und aussägen.

2 Alles wie abgebildet bemalen, die weißen Flächen mit Strukturschnee akzentuieren, anschließend lackieren.

3 Am oberen Rand der Astscheibe und wie gekennzeichnet am Stern ein Loch bohren (ø 1,5 mm). Den Draht durch den Stern ziehen und das Ende verdrehen. Dann mit etwas Abstand durch das Loch in der Astscheibe stecken und über einen Pinsel zur Spirale drehen. Am Drahtende um einen Bleistift wickeln und die Enden verdrehen, damit eine Aufhängung entsteht.

Winterzeit

→ Freude im Schnee

MATERIAL EISBÄR

- Birkenscheibe, ca. 24 cm x 21 cm
- Sperrholzrest, 4 mm stark
- Acrylfarbe in Weiß, Bayrischblau und Dunkelblau
- Strukturschnee
- geglühter Draht, ø 0,9 mm, 45 cm lang

SCHNEEMANN

- Birkenscheibe, ca. 20 cm x 10 cm
- Acrylfarbe in Weiß, Olivgrün, Weinrot, Orange und Schwarz
- Strukturschnee
- Klebepads

HÄNGER

- Astscheibe, ca. 9 cm x 6 cm
- Acrylfarbe in Weiß, Orange, Grau, Bayrischblau und Schwarz
- Strukturschnee
- Naturbast in Natur, 20 cm lang

VORLAGENBOGEN 1A

Eisbär

1 Das Motiv auf die Birkenscheibe übertragen und aussägen. Den Stern aus Sperrholz aussägen. Die Ränder glätten.

2 Die Birkenscheibe und den Stern mit Bayrischblau und Weiß nass in nass grundieren. Nach dem Trocknen die Sternchen aufzeichnen. Den Eisbär in Weiß bemalen und am Boden den Strukturschnee auftragen. Mit Dunkelblau die Schrift auftragen und den Strukturschnee auf einige Buchstaben aufsetzen, als hätte es darauf geschneit. Mit seidenmattem Klarlack versiegeln.

3 Am oberen Rand zwei Bohrungen, ø 2 mm, anbringen und den Stern ebenfalls durchbohren. Den Draht an einer Seite befestigen, über einen Bleistift oder Pinsel zur Spirale winden und etwas auseinander ziehen. Den Stern auffädeln, mit einer Drahtschlinge befestigen und das andere Drahtende am Schild festmachen.

Schneemann

1 Das Motiv auf die Birkenscheibe übertragen, aussägen und die Ränder glätten.

2 Den Schneemann wie abgebildet bemalen. Mit Schwarz beschriften und mit Weiß Akzente setzen. Die Schneekristalle aufzeichnen und am Boden beim Schneemann Strukturschnee aufpinseln. Mit Klarlack versiegeln.

3 Das Schild mit Klebepads befestigen.

Hänger

1 Das Motiv auf die Astscheibe übertragen, aussägen und die Ränder glatt schleifen.

2 Wie abgebildet bemalen. Auf den Hut Strukturschnee auftragen. Anschließend lackieren.

3 Am oberen Rand mittig ein Loch bohren (ø 2 mm). Als Aufhängung den Bast durchziehen und befestigen.

FRÖHLICHE
WINTERZEIT
schöne
WINTERZEIT

Weihnachtliche Anhänger

→ schön an Geschenken und am Baum

MATERIAL PRO ASTSCHEIBE

- Astscheibe, ca. 9 cm x 6 cm
- Acrylfarbe in Weiß, Grau, Hautfarbe, Rot und Schwarz (Weihnachtsmann) bzw. in Weiß und Weinrot (Rentiersilhouette) bzw. in Weiß, Elfenbein, Gelbocker, Olivgrün, Weinrot, Hellbraun, Mittelbraun und Schwarz (Elch) bzw. in Weiß. Gelb, Gelbocker, Gold, Rot, Weinrot, Dunkelgrün, Hellbraun und Schwarz (Kerze)
- evtl. Strukturschnee (Weihnachtsmann)
- evtl. Strickschlauch in Grün, ca. 15 cm lang (Elch)
- Natur- oder Raffiabast in Natur oder Rot, 20 cm lang

VORLAGENBOGEN 1B

1 Das jeweilige Motiv auf eine Astscheibe übertragen, aussägen und die Ränder glatt schleifen.

2 Wie abgebildet bemalen. Beim Weihnachtsmann Bart, Mützenbommel und Hutsaum mit Strukturschnee akzentuieren. Dann lackieren.

3 Dem Elch den Strickschlauch um den Hals legen, verknoten und die Enden festkleben, damit sie sich nicht auftrennen.

4 Am oberen Rand mittig ein Loch bohren (ø 2 mm). Den Bast als Aufhängung durchziehen und befestigen.

Tipp: Tragen Sie den Strukturschnee am Weihnachtsmann schichtweise auf: Zuerst den Bart, darüber den Schnurrbart und den Rand der Mütze. So sind die Schichten unterschiedlich dick.

Für dich von Herzen

→ liebevolle Anhänger

MATERIAL PRO ANHÄNGER

- Astscheibe, ca. 9 cm x 6 cm
- Acrylfarbe in Elfenbein, Rosé, Rot und Weinrot (von Herzen) bzw. in Elfenbein, Rot, Weinrot, Hellgrün, Dunkelgrün und Schwarz
- Raffiabast in Rot, 20 cm lang

VORLAGENBOGEN 1A

1 Das jeweilige Motiv auf eine Astscheibe übertragen, aussägen und die Ränder glatt schleifen.

2 Wie abgebildet bemalen, dann lackieren.

3 Am oberen Rand mittig ein Loch bohren (ø 2 mm). Als Aufhängung den Bast durchziehen und befestigen.

Tipp: Das sind tolle Anhänger an Geschenken oder Blumensträußen.

DIESES BUCH ENTHÄLT 2 VORLAGENBOGEN

IMPRESSUM

FOTOS: frechverlag GmbH, 70499 Stuttgart; Fotostudio Ullrich & Co., Renningen
DRUCK: frechdruck GmbH, 70499 Stuttgart

Auflage: 5. 4. 3. 2. 1.
Jahr: 2009 2008 2007 2006 2005 [Letzte Zahlen maßgebend]

ISBN 3-7724-3430-4
Best.-Nr. 3430